기후가 미친 걸까?

LE CLIMAT EST-IL DEVENU FOU?
by Robert Sadourny

Copyright © Le Pommier 2002
All rights reserved.

Korean Translation Copyright © Minumin 2005, 2013, 2021

Korean translation edition is published by arrangement with
Humensis through The Agency.

이 책의 한국어판 저작권은 The Agency를 통해 Humensis와
독점 계약한 ㈜민음인에 있습니다.
저작권법에 의해 한국 내에서 보호를 받는 저작물이므로 무단 전재와 무단 복제를 금합니다.

민음 바칼로레아 002

기후가
미친 걸까?

로베르 사두르니 ┃ 장순근 감수 ┃ 이수지 옮김

민음in

● 일러두기

1 본문 가장자리에 있는 사과 🍎 는 이 책을 통해 반드시 이해해야 하는
   핵심 개념을 표시한 것입니다.
2 본문 아래쪽의 주는 독자들이 본문 내용을 쉽게 이해할 수 있도록 한국어판에 특별히 붙인 것입니다.
3 인명 및 지명 표기는 한글 맞춤법 통일안 및 외래어 표기 규정을 따랐습니다.
4 본문에 사용한 부호 및 기호의 뜻은 다음과 같습니다.
   ― 전집, 단행본: 『 』
   ― 신문, 잡지: 〈 〉
   ― 개별 작품, 논문, 기사: 「 」

차례

질문 : 기후가 미친 걸까?

기후가 변하고 있다는 얘기가 들린다. 예전보다 훨씬 더 덥다든지, 태풍이 자주 온다든지, 겨울에 폭우가 쏟아진다든지 하는 이야기가 언론을 뒤덮는다. 이 말들이 모두 과학적으로 사실이라면 혹시 기후가 미쳐 버린 것은 아닐까?

여름에도 그다지 덥지 않거나 겨울에도 그다지 춥지 않는 등 평소와 다른 자연 현상들이 일어나고, 초대형 폭풍, 돌풍, 홍수, 가뭄, 산불 등 좀처럼 볼 수 없었던 커다란 자연 재해들이 점점 더 자주 일어나는 것 같다. 지구촌 곳곳에서 이런 극한 현상들이 연이어 발생하자 기후가 이상해져 가고 있다는 생각이 들 때도 있다. 하지만 이러한 판단은 믿을 만한 것이 아니다. 생활 환경이 편리해지면서 우리가 기후 변화에 상대적으로 민감해져서 그렇게 느끼는 것인지도 모르기 때문이다.

그런데 과학자들 입에서도 기후가 이상해졌다는 말이 자주 흘러나오고 있다. 과학자들은 지구가 더워지고 있으며 오존층에 구멍이 났다는 사실을 밝히기도 하고, 산업화를 비롯한 인류의 다양한 활동들이 기후에 끼친 부정적인 영향들이 마침내 현실로 나타나고 있다고 경고하기도 한다.

기후 변화에 관한 연구는 과학 연구의 최전선에 속한다. 최전선이란 늘상 그런 법이지만 이곳 역시 고지를 놓고 소규모 전투들이 계속 벌어지고 있다. 하지만 현재 거대한 기후 변화의 초기 단계가 시작되고 있으며, 그 변화에 인간의 활동이 가장 큰 영향을 끼치고 있다는 데 점점 과학자들의 의견이 일치되어 가고 있다.

기후 변화에서 가장 두드러진 현상은 지구의 과열 현상이다. 이 현상은 매우 천천히 진행되고 있기 때문에 시간이 많이 흐른 후에야 결과를 알 수 있다. 그러나 여기저기에서 국지적인 차원의 기상 변동이나 격렬한 기상 현상이 관찰되고 있다. 이런 일들이 모두 앞으로 다가올 일의 전조가 될 것이다.

1

왜 **지구**가
더워지는 걸까?

온실 효과란 무엇일까?

태양 에너지는 빛의 형태로 지구 표면에 도달한다. 대기층을 통과한 빛은 대부분 직접 지구의 표면에 열을 가하며, 지구 표면의 열은 적외선 형태로 바뀌어 다시 바깥으로 방출된다. 이때 대기 중에 소량으로 존재하는 몇몇 기체들이 지표 위로 올라오는 적외선을 흡수하여 다시 지표로 내려보냄으로써 지표에 다시 열을 준다. 이처럼 지표면을 보온하며 대기의 온도를 끌어올리는 것을 **온실 효과**라고 하며, 온실 효과를 일으키는 기체들을 **온실 기체**라고 한다.

지표가 태양으로부터 직접 흡수하는 열이 1평방미터당 평균 175와트˚인 데 비해, 대기의 온실 효과를 통해 되받는 열은 330와트이다. 이는 온실 효과가 지표 온도에 지극히 중대한 영

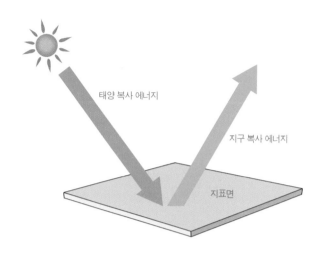

태양 복사 에너지

지구 복사 에너지

지표면

대기가 없을 경우

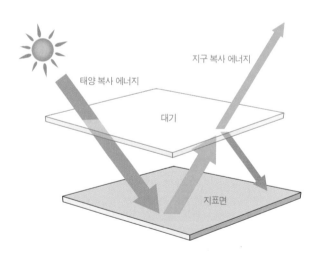

지구 복사 에너지

태양 복사 에너지

대기

지표면

대기가 있는 경우

온실 효과가 일어나는 과정

향을 끼친다는 것을 잘 나타낸다. 만약에 온실 효과가 없다면 밤에 지표는 차갑게 식어 버릴 것이다. 밤이 되면 여름에도 지표면이 얼어붙을 것이고 지표의 평균 온도[•]는 섭씨 15도가 아닌 영하 18도가 될 것이다.

그렇다면 온실 기체에는 무엇이 있을까?

먼저 대기 중에 자연적으로 존재하는 기체부터 살펴보자. 가장 중요하고 양이 많은 기체는 수증기이다. 자연적인 온실 효과의 67퍼센트 정도는 수증기 때문에 생긴다. 그다음으로 중요한 기체는 이산화탄소(CO_2)이고, 그 밖에 메탄(CH_4), 오존(O_3), 일산화이질소(N_2O)가 있다. 여기에 대기 중에 있는 미세한 물방울들이나 얼음 결정들이 모여 있는 구름을 추가해야 한다.

구름도 수증기처럼 적외선을 흡수하고 방출한다. 수증기와 구름의 온실 효과는 특히 밤에 뚜렷이 나타난다. 공기가 건조

● ● ● ●

와트(Watt) 1와트는 1시간에 0.860kcal의 열을 발한다. 1kcal는 426.91킬로그램을 1미터 움직일 수 있는 열량이므로, 1와트는 1시간에 367.13킬로그램을 1미터 움직이는 데 필요한 열량이다. 다시 말해 1와트는 1초에 0.102킬로그램을 1미터의 속도로 움직일 수 있는 힘을 말한다.

지표의 평균 온도 태양으로부터 지구와 비슷한 거리에 있지만 대기가 없는 달의 경우, 밤낮에 따라 섭씨 영상 130도에서 영하 180도까지 오르내리며, 표면 부근의 평균 기온이 영하 18도이다.

하고 구름이 없으면 열이 대기 밖으로 더 쉽게 **빠져나간다**. 그 래서 사막 지대의 밤이나, 하늘에 구름 한 점 없이 맑은 밤이 더 추운 것이다.

인간은 어떻게 온실 효과를 바꿔 놓을까?

온실 효과는 원래 자연스럽게 발생하는 현상으로 지표 부근 의 기온을 조절한다. 자연적인 온실 효과가 없다면, 지구의 평 균 온도가 크게 떨어져 생명체들이 살 수 없을 것이다. 식물만 은 존재한다고 하더라도 그런 지구의 모습은 지금과는 다를 것 이다.

그런데 지금은 오히려 온실 기체가 대량으로 방출되는 현상 때문에 지구의 모습이 크게 달라져 가고 있다.

지난 100년간 지구의 인구는 기하급수적으로 증가했다. 정 확히 40년마다 두 배씩 늘어났다. 인구 증가와 더불어, 일인당 에너지 소비량도 점점 늘어나, 전체 에너지 소비량은 더욱 **빠** 른 속도로 늘어나고 있다. 문제는 우리가 쓰는 에너지는 대부 분 석탄이나 석유와 같은 화석 연료를 태워서 얻는데, 이때 이 산화탄소가 방출된다는 것이다. 현재 이런 식으로 매년 260억

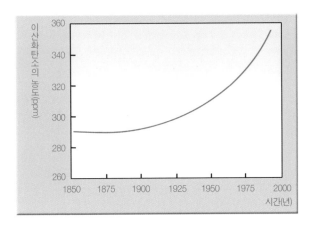

이산화탄소의 농도 변화
[출처 : 기상청, 1991]

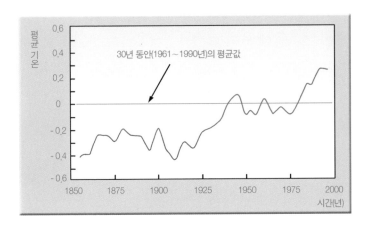

평균 기온의 변화
[출처 : Essentials of Meteorology, 1998]

톤 규모의 이산화탄소가 방출되고 있다. 이 가운데 절반 정도 가 대기 중에 쌓이고 나머지 절반은 바다와 식물(광합성 작용을 할 때)에 흡수된다.

대기 중에 **이산화탄소**가 증가하면 그로 인한 온실 효과도 커 진다. 빨리 적절한 조치를 취하지 않으면 이산화탄소는 점점 더 빨리 늘어날 것이다. 대기 성분을 측정한 결과, 19세기 초 이후로 이산화탄소 함유량이 대략 33퍼센트나 증가했다. 실로 기하급수적인 증가율이라 할 수 있다.

하지만 이산화탄소만이 아니라 논바닥, 되새김 동물들, 쓰 레기 등이 발효하면서 나오는 메탄 역시 인구가 증가함에 따라 기하급수적으로 증가했다. 오늘날 대기 중에 함유된 메탄의 양 은 150년 전에 비해 두 배가량 많다. 일산화이질소도 비료를 대량으로 사용하면서 점점 대기 중에 쌓이고 있다. 오존은 연 소 과정에서 부산물로 생겨나 대기 하층에 쌓인다.

수증기를 뺀 모든 자연적인 온실 기체가 인간 때문에 증가했 고, 이로 인해 대기의 화학적 구성 성분이 바뀌고 있는 것이다.

● ● ● ●

되새김 동물 기린, 사슴, 소, 양 등 소화 형태상 한번 삼킨 먹이를 다시 게워 내어 씹는 특성을 가진 동물. 반추 동물이라고도 한다. 소는 하루에 트림을 통해 280리 터의 메탄 가스를 방출한다.

뿐만 아니라 수많은 산업 활동으로 인하여 자연 상태에서는 존재하지 않는 인공 온실 기체가 대기에 방출되고 있다. 이러한 인공 온실 기체의 종류로는 냉매, 에어로졸 스프레이, 거품 플라스틱 제조에 사용되는 **할로겐화탄화수소** 화합물, 알루미늄 산업에 사용되는 불화탄소(PFC), 절연체로 사용되는 6불화유황(SF_6) 등이 있다. 이들은 화학적으로 불활성 기체이기 때문에 사용하는 데 위험하지는 않다. 그러나 이러한 안정성이 온실 효과라는 측면에서 보면 잠재적인 위험 요소가 된다. 이 기체들은 일단 대기 중에 방출된 후에는 쉽게 분해되지 않고 매우 오랫동안 대기 중에 남아 있기 때문이다.

오존층에 난 구멍은 기후에 어떤 영향을 끼칠까?

환경 오염과 온실 효과에 대한 이야기에서 사람들 입에 가장 많이 오르내리는 것이 바로 오존층 파괴이다. 이 말은 도대

● ● ● ●

할로겐화탄화수소 우리나라에서는 이것의 대표 상품명인 프레온이란 말을 주로 쓰며, 탄소(C), 수소(H), 염소(Cl), 불소(F)로 구성되어 있다.

체 무슨 뜻일까? 지금까지 오존층에 어떤 변화가 일어났으며 그 변화가 기후에는 어떤 영향을 끼쳤을까?

오존은 색깔도 맛도 없지만 자극성 있는 냄새가 나는 기체로서 공기보다는 약간 무겁고 물에는 잘 녹지 않는 성질을 갖고 있다. 오존은 주로 자동차 배기 가스나 공장 배출 가스 등에 함유된 질소 산화물이나 탄화수소류 등이 강한 자외선과 만나 광화학 반응을 일으킬 때 생성되지만 사바나 또는 열대림 지역에 불이 났을 때 나오는 연소 산화물이 광화학 반응을 일으킬 때에도 생성된다. 대기 하층에 존재하는 오존은 대부분 이렇게 해서 생겨난 것이다. 오존은 다른 온실 기체들과는 달리 공기 속에 존재하는 가스의 구성 요소와 쉽게 화학 반응을 일으키므로, 생성된 지 얼마 되지 않아 즉시 분해된다. 그러나 오존이 분해되는 과정에서 강력한 산화 작용을 일으켜 기관지염, 폐렴 등을 일으키며, 식물의 엽록소를 파괴하여 수확량을 감소시킨다. 또 공기 중의 물방울 등과 결합하여 광화학 스모그를 일으켜 대기 오염을 가중시키기도 한다.

이렇게 대기 하층에서는 심각한 피해를 주는 오존이지만 대기 상층에서는 상황이 완전히 다르다. 성층권이라 불리는 고도 20~25킬로미터 근방에는 자외선에 산소가 분해되어 발생한 오존이 밀집하여 자연 오존층을 이루고 있다. 자외선은 보라색

보다 파장이 짧아서 인간의 눈에는 보이지 않는다. 강력한 자외선(파장이 짧은 자외선)은 피부에 화상을 입히고 면역 능력을 떨어뜨리며, 세포를 아예 파괴해 버리기도 한다. 오존층은 이러한 해로운 자외선을 높은 고도에서 흡수하여 대기 하층까지 도달하지 못하도록 막아 주며, 그리하여 자외선으로부터 지구상의 생명체들을 보호하고 있다. 또한 성층권 오존층은 지표에서 방출되는 적외선을 차단함으로써 자연적인 온실 효과에 작지만 무시할 수 없는 역할을 한다.

그런데 1985년 남극 대륙 상공을 관측한 결과, 오존층에 경각심을 일으킬 만한 크기의 구멍이 발견되었다. 왜 이런 일이 벌어졌을까를 추적한 끝에 과학자들은 곧 할로겐화탄화수소(프레온)에 함유된 염소가 성층권에서 활성화되면 자외선의 영향 아래 오존을 파괴할 수 있음을 밝혀냈다. 겨울철 극지방 근처에서는 고도 15~20킬로미터 지점에 성층권 구름이 자주 만들어지는데, 이 속에 떠 있는 얼음 결정 표면에서 염소의 파괴 현상이 두드러지게 나타난 것이다. 염소의 파괴 현상으로 **오존 구멍**이 생긴 것은 수십 년간 특정한 할로겐화탄화수소를 냉장고 및 에어컨, 반도체 세척제, 거품 플라스틱, 에어로졸 스프레이에 대량으로 사용한 결과였다. 진단은 끝났고 이제 문제를 해결해야 했다.

남극 상공의 오존 구멍(2000).
남극 대륙을 중심으로 파란색을 띤 부분이 오존 구멍이다. [미 항공우주국(NASA) 제공]

몬트리올 의정서*에서 프레온 사용을 금지함으로써, 이 문
제가 해결되었다. 몬트리올 의정서는 프레온 가스 대신 오존층

● ● ●

몬트리올 의정서 1974년 F. S. 로랜드 교수가 제기한 오존층 파괴 문제가 전지
구적인 문제로 부각됨에 따라 1985년 오존층 보호에 관한 빈 협약이 체결되었고,
1987년 몬트리올에서 정식으로 오존층 파괴 물질의 생산 및 사용을 규제하는 협
약이 체결되었다. 한국은 1992년에 가입하였다.

에 위험하지 않은(그러나 온실 효과 측면에서는 마찬가지로 유해한!) 대체물의 사용을 의무화했다. 물론 이미 대기 중에 있는 프레온 가스가 금방 사라지지는 않겠지만, 오존층은 정상으로 되돌아갈 것이다.

성층권 오존층에 생긴 구멍 역시 기후에 영향을 준다. 자연적인 온실 효과에 관여하는 오존층에 구멍이 뚫림으로써 온실 효과가 감소하고, 지표가 서서히 냉각된다. 그러나 이러한 냉각 현상은 대기 하층에 축적된 오존이 일으키는 온실 효과의 증가 현상에 비하면 그 영향력이 크지 않다. 그러므로 오존의 영향으로 일어난 주된 기후 변화는 온난화라고 할 수 있다. 서로 반대되는 변화를 일으키는 두 가지 오존 현상에 공통점이 있다면 두 현상 모두 인간 활동의 결과라는 점이다.

인간 때문에 얼마나 온실 효과가 교란된 걸까?

먼 옛날의 대기 성분과 오늘날의 대기 성분을 비교해 보면 인간의 활동으로 인해 어떤 일이 벌어졌는가를 알 수 있다. 아주 먼 과거의 대기 성분들은 남극과 그린란드˚에 있는 수 킬로미터 두께의 만년빙을 연구하면 알 수 있다. 만년빙에 구멍을

뚫어 얼음을 채취한 후 그 속에 들어 있는 기포를 분석해서 수십만 년 전의 대기 성분을 찾아내는 것이다.

　오늘날의 대기를 구성하는 화학 성분들은 세계 곳곳에 설치된 관측소 네트워크를 통하면 아주 정확하게 측정할 수 있다. 공기 중에는 이산화탄소가 365ppm, 메탄이 1.75ppm, 일산화이질소가 0.314ppm, 인공 온실 기체가 1.36ppm 들어 있다. 200년 전인 산업 혁명 이전에는 이산화탄소가 275ppm, 메탄이 0.7ppm, 일산화이질소가 0.27ppm 들어 있었다.

　이렇게 얻은 수치를 바탕으로 인간 활동으로 인해 대기 하층에 추가된 열을 계산하면, 산업 혁명 이후 지구 전체에 평방미터당 대략 2.55와트씩 열이 늘어났음을 알 수 있다. 그중 1.45와트는 이산화탄소, 0.5와트는 메탄, 0.1와트는 일산화이질소, 0.35와트는 프레온 가스가 원인이다. 이 네 가지 가스는 대기 전체에 골고루 섞여 있기 때문에 온실 효과와 그에 따른

● ● ●

그린란드　북극해와 북아메리카 북동부 대서양 사이에 위치한 섬으로 지구에 있는 섬 가운데 가장 크다.

ppm(parts per million)　100만 분의 1을 나타내는 단위이며, 농도를 나타내는 데 사용한다. 다시 말해 일정한 부피의 물이나 유체의 무게가 1일 경우 이 속에 100만분의 1 무게만큼 포함된 것을 말한다.

기온 상승은 지구 전체에서 대체로 균일하게 나타난다.

하지만 앞에서 보았듯이 오존의 영향 때문에 양극 지방에서는 냉각 현상이 일어나고 열대 지방에서는 온난화가 가속화하고 있다. 오존을 고려하여 다시 계산하면 인간이 유발한 열은 열대 지방에서는 평방미터당 3와트씩 올라가는 반면 남극 근방에서는 평방미터당 1.8와트까지 내려간다.

기온 변화가 기후에 어떤 영향을 미칠까?

지구의 기온 변화가 기후에 어떻게 영향을 미칠 수 있을까?

온실 효과가 커지면 대기 하층의 기온은 곧바로 상승한다. 그러나 수면 위로 나온 육지가 열을 축적하는 경우는 거의 없다. 지하나 바위 속 동굴의 온도가 거의 일정한 데에서 알 수 있듯이 땅은 단열재 역할을 한다.

지구 온도를 조절하는 데 가장 큰 역할을 차지하는 것은 바다이다. 지구의 기후는 무엇보다도 대기와 해양의 온도 평형에 달려 있다. 기후가 더워지려면 바닷물의 온도도 올라가야 한다. 그러나 바닷물의 온도는 쉽게 변하지 않는다. 어마어마한 양의 열을 심해까지 축적해도 해수면의 온도는 조금 올라가는 정도이다. 심해로 열이 전달되는 속도도 지극히 느려서 빨라야 수십 년이 걸린다.

그러므로 온실 효과가 커져서 지구의 온도가 올라가더라도 바닷물의 반응 속도가 느리기 때문에 온난화 현상은 그만큼 늦게 나타난다. 오늘 당장 대기 중에 이산화탄소, 메탄 등 온실기체가 축적되지 않도록 막는다고 해도 앞으로 수십 년 동안 온난화는 계속될 것이다. 지금은 바닷물의 온도 변화가 느려, 인간이 초래한 혼란이 기후에 미치는 영향을 일시적으로 가려 주고 있을 뿐이다. 온난화는 시한폭탄과 같은 것이다!

2

이상 기후,
인간의 탓일까?

인간이 불러온 또 다른 공해, 에어로졸

대기가 기체 분자로만 이뤄진 것은 아니다. 에어로졸이라는 미립자들도 대기 중에 떠다닌다. **에어로졸**은 기체와는 달리 눈에 보이는 물체로, 구름을 형성하는 작은 물방울이나 얼음 덩어리들을 비롯하여 먼지나 연기, 스모그 같은 종류도 포함된다. 에어로졸이 대량으로 섞인 공기는 부옇고 흐릿하며, 비가 내려 에어로졸이 씻겨 나가면 대기는 한층 더 맑아진다.

대기 중에 자연적으로 존재하는 에어로졸의 양은 천차만별이다. 구름은 물론이고 자연 발생한 산불의 연기, 바닷바람에 실려 오는 소금 가루들, 황무지에서 일어나는 먼지 폭풍, 사막 지역에서 빈번한 모래 바람 등이 모두 에어로졸이다. 에어로졸은 아주 멀리까지 이동할 수 있다. 인공위성 사진을 보면 사하라 사막에서 생긴 모래 먼지가 바람을 타고 지중해를 거쳐 대서양으로 이동하는 것이 자주 목격된다. 프랑스와 남아메리카 기아나의 거리에 주차된 자동차들 위로 사하라 사막에서 날아온 먼지들이 얇게 쌓여 있는 광경은 그리 보기 어려운 장면이 아니다. 중국 서북부와 몽골 지방의 건조한 사막 지역에서 날아온 황색 진흙 먼지가 봄마다 중국 본토를 거쳐 한반도를 뒤덮고 태평양까지 날아가는 황사 현상도 대표적인 에어로졸 현상의 하나이다.

화산 폭발도 종종 에어로졸을 만들어 내는 원인이 된다. 거대한 화산 폭발이 일어나면 다량의 화산 먼지들이 대기 중에 분사된다. 멕시코 엘치콘 화산°과 필리핀 피나투보 화산°이 폭발했을 때 생긴 먼지들은 성층권까지 도달하여 그곳에서 이삼 년간 머물러 있었다.

에어로졸이 기후에 미치는 영향은 온실 기체와는 반대이다. 온실 기체는 눈에 보이지 않으며 태양빛 전체를 통과시키지만,

• • • •

엘치콘 화산 1982년 이 화산이 폭발하면서 분출된 먼지 구름은 공기 중에 떠 있으면서 3주 만에 지구를 완전히 한 바퀴 돌았다.
피나투보 화산 1991년 600여 년간의 휴면을 깨고 거대한 폭발을 일으켰다.

지표의 에너지가 대기로 방출되는 것은 막기 때문에 그 결과 지구의 기온이 높아진다. 반면 에어로졸은 눈에 보이는 물체들로서 일반적으로 자외선은 통과시키지만 태양빛은 차단하여 지구에 닿지 못하게 방해함으로써 지구의 기온이 떨어지게 만든다.

인간은 온실 기체도 방출하고 에어로졸도 대량으로 내보낸다. 벌목, 건축, 도로 건설, 자동차 등은 끊임없이 먼지를 일으킨다. 농경지를 확장하기 위해 산림을 대규모로 벌목하면 드러난 개간지 토양이 바람에 실려 간다. 언뜻 보기에는 별것 아닌 것 같지만 지구 전체로 따지면 그 양이 무시할 수 없을 만큼 커서 경작지 토양 손실은 세계적으로 시급하게 해결해야 할 문제일 정도이다.

사바나 지역이나 산림 지대 등에서는 화재가 빈번하게 일어나고 있다. 열대 지방이나 아마존 지역에서는 예전부터 목장과 농경지를 확대하기 위해 열대림을 태워 없애는 화전 농업이 널리 퍼져 있다. 물론 화전은 지금도 대규모로 행해지고 있다. 때때로 이렇게 일으킨 불을 끄는 데 인간의 힘이 부치는 경우가 있다. **엘니뇨 현상**˚에 따른 극심한 가뭄에 시달리던 1998년 가을 인도네시아에서 일어났던 화재 때도 그랬다.

현재 에어로졸이 생기는 가장 큰 요인은 일반적인 산업 활

화산 폭발로 인한 화산재, 공장의 매연, 화재의 연기, 자동차의 매연 등으로
생긴 에어로졸은 태양빛을 막아 지구의 기온을 일시적으로 떨어뜨린다.

동(특히 화학 산업), 열 발전소, 주택 난방, 쓰레기 소각 등에 있다. 인구 증가와 산업 개발로 인해 에어로졸 방출량이 대단히 빠른 속도로 증가하고 있으며, 이미 자연적인 방출 수준을 훨씬 초과한 상태이다.

인간이 만들어 낸 에어로졸은 지구 전체에 골고루 퍼지지 않고 방출되는 지역에 모여 떠다니면서 바람이 부는 방향에 따라 이동한다. 사실 에어로졸은 공기 중에 아주 오랫동안 떠다니지도 않는다. 대부분 대기 하층에 머무르다가 내리는 비에 씻겨 사라진다. 거대한 적란운*을 형성하는 빠른 상승 기류에 섞여 성층권에 도달하는 것은 매우 소량이다. 그것들만 오래도록 남아서 지구 전체에 골고루 퍼지며, 2~3년 정도 시간이 흐르면 지구 중력에 의해 지상으로 떨어진다.

인간이 만든 에어로졸은 이렇게 불균형하게 퍼져 나가기 때문에 그에 따른 기상 변동은 지구 전체가 아니라 특정 지역에

● ● ●

엘니뇨 현상 태평양 페루 부근 적도 해역의 해수 온도가 섭씨 2~6도 정도 높아지는 현상. 보통 2~6년마다 한 번씩 불규칙하게 나타난다. 그런데 엘니뇨 현상이 있는 해는 적도의 강력한 난류가 동쪽으로 반류하여 페루 부근은 호우가 발생하고 반대편 서부해는 큰 가뭄이 발생한다. 엘니뇨 현상은 지구의 기상 이변을 일으키는 한 요인이다.

적란운 수직으로 발달한 커다란 구름.

서 발생한다. 그러나 변동 규모는 상상을 초월할 정도로 클 수 있다. 겨울 동안 이라크 등의 걸프만 일대 국가들과 인도를 비롯한 남아시아에서 발생하는 거대한 먼지를 예로 들 수 있다. 이 에어로졸은 몬순* 북동풍에 밀려 인도양 북쪽 절반을 뒤덮는데, 이 기간 동안 이 지역에는 비가 거의 내리지 않는다. 이 오염된 대기는 결국 남반구까지 밀려온 뒤에야 강한 비를 만나 씻긴다.

최근 공해로 인해 인도양 북쪽 전체가 해면 1평방미터당 평균 15와트의 일조량 부족을 겪고 있는 것으로 드러났다. 이 현상이 이 지역 기후에 미치는 영향이 매우 클 것이라는 우려가 있지만 아직 자세한 연구 결과는 나오지 않았다. 분명한 것은 일조량이 부족하면 해수 증발율이 떨어지며 이는 지구 다른 곳의 강우량 감소로 이어진다는 사실이다.

● ● ●

몬순(monsoon) 겨울에는 대륙에서 대양을 향해 불고, 여름에는 대양에서 대륙을 향해 불어 대략 반년 주기로 풍향이 바뀌는 계절풍.

에어로졸이 온실 기체 피해를 없앨 수 있을까?

실제로 온실 기체와 에어로졸이 지구 온도에 미치는 영향은 정반대이다. 온실 기체는 온난화를, 에어로졸은 냉각 현상을 일으킨다. 아마 지난 세기에는 이미 축적된 에어로졸 덕에 이산화탄소, 메탄 등 온실 기체가 유발한 온난화의 영향이 줄어들었을 것이다. 그러나 두 현상은 사뭇 다른 양상을 보인다.

우선, 인공 온실 효과는 지구 전체에 골고루 영향을 미치는 반면 에어로졸 공해는 배출 지역에 집중적으로 영향을 미친다. 북아메리카의 공해는 대서양 동쪽으로 이동하고, 중부 유럽의 공해는 유럽 대륙 동쪽으로 이동하며, 아시아의 공해는 태평양 동쪽과 인도양 북쪽으로 이동하기 때문에 에어로졸의 효과가 온실 효과를 상쇄할 수 있는 곳은 특정 지역에 한정된다.

둘째, 대기 하층에 쌓인 에어로졸은 2~3일 후면 사라질 정도로 수명이 짧기 때문에 장기적으로는 기후 변화에 큰 영향을 끼치지 못한다. 에어로졸은 배출을 멈추면 대기 중에서 이내 사라질 것이다. 성층권까지 도달한 에어로졸이 2~3년 동안 쌓여 있긴 하지만 말이다.

온실 기체는 에어로졸과 아주 다르다. 이산화탄소의 배출을 멈춘다고 하더라도 산업 혁명 이전의 이산화탄소 농도로 되돌

아가려면 100년은 걸린다. 그리고 불화유황 같은 인공 가스들은 배출을 중단한 뒤에도 수천 년이 지나야 대기에서 사라진다. 가스 배출을 일절 중단한 후에도 온실 효과가 본래대로 작동하려면 적어도 100년은 걸리는 것이다. 배출량이 일정하다고 가정할 때 온실 기체들은 수십 년, 수천 년 동안 계속해서 축적되겠지만, 에어로졸은 며칠 안에 평형을 이룰 것이다.

이미 기후 변화가 많이 진전되었을까?

대략 1850년 전부터 기록된 기상학 자료를 보면 전반적으로 지구가 온난화하고 있음을 확인할 수 있다. 19세기 중엽에 프랑스의 천문학자 르베리에 가 기상 관측을 시작했고, 기상 관측소가 생긴 이래 전 세계에서 매일 측정한 온도, 강우량, 바람 등 일기 정보가 남아 있다. 이 자료를 통해 기상 변화가 얼마나 심각한 상황인지 알 수 있다. 한 세기 반 동안 대기 하층의 온

• • • •

르베리에(Le Verrier, Urbain Jean Joseph, 1811~1877) 프랑스의 천문학자. 해왕성의 존재를 추정한 일로 유명하다.

도가 지구 전체에 걸쳐 평균 섭씨 0.6~0.7도 상승했음이 증명된 것이다.

특히 기온이 두드러지게 상승한 곳은 북아메리카 동쪽과 중부 유럽, 중앙 시베리아처럼 주로 북반구에 있는 대륙 지역이었다. 모두 해양의 영향을 적게 받는다는 공통점이 있으며, 평균 기온이 25년 전에 비해 약 1도 이상 상승했다. 앞에서 살펴보았듯이, 바닷물은 온도 변화에 무디기 때문에 온난화를 지연시킨다. 따라서 자연스럽게 내륙 지역이 가장 빠른 속도로 기온이 상승한 것이다.

그리고 놀랍게도 기상 관측 자료가 보여 주는 이런 사실이 다른 연구 자료에 의해서도 확인되었다. 산꼭대기의 빙하˚를 연구한 결과, 스칸디나비아 반도, 알프스, 아프리카, 아시아를 거쳐 안데스 산맥까지 빙하가 녹고 있다는 사실이 드러났다. 실제로 한 세기 반 동안 엄청난 양의 빙하가 녹았다. 예를 들어 프랑스 샤모니 골짜기의 아르장티에르 빙하처럼 작은 빙하는

● ● ●

빙하(glacier) 만년설이 쌓이고 눌러서 생긴 얼음 덩어리. 빙하가 차지하는 면적은 전 육지의 약 10퍼센트에 해당한다. 현존하는 빙하가 전부 녹는다고 가정하면 해수면은 현재보다 60~70미터 정도 상승할 것으로 계산된다.

지구 온난화로 녹고 있는 빙산

1킬로미터, 스위스의 론 빙하는 2킬로미터, 뉴질랜드의 프란
츠 조셉 빙하는 2킬로미터, 노르웨이의 몇몇 빙하는 3킬로미터
가 녹아서 사라졌다.

　마찬가지로 북극해 빙산˚도 녹고 있다. 반세기 동안 빙산 전
체 면적의 20퍼센트가 사라졌다. 지난 40년 동안 북반구 전체

● ● ●

　빙산(iceberg)　빙하로부터 떨어져 해면에서 떠도는, 높이가 5m가 넘는 얼음 덩어
리. 북극해(북빙양) 주변에 있는 빙하는 대체로 불규칙한 모양을 이루어 대체로 산
처럼 솟아오른 것이 많으며 약간 녹색을 띤다.

의 강설량 역시 약 10퍼센트 줄어들었다. 남극 근방에서는 몇 년 전부터 거대한 빙산들이 떨어져 나가고 있다. 그중 어떤 것들은 길이가 150킬로미터에 이르며, 대부분 온화해진 기후의 영향으로 천천히 녹고 있다.

결국 한 세기 동안 해수면 높이가 평균 15센티미터 상승했다. 해수면 상승은 기후가 따뜻해져서 생긴, 당연한 결과 중 하나이다. 바닷물 자체도 열의 영향으로 팽창한 데다 고산 지대의 빙하가 녹아 바다로 흘러 들어가기 때문이다.

지구 온난화의 원인이 정말로 인간일까?

이 질문에 답하는 것은 생각만큼 쉽지 않다. 자연적인 원인들로 인해 기후가 달라질 수 있기 때문이다. 어떻게 결과에서 원인으로 거슬러 올라갈 수 있을까? 기후의 변화에 인간의 책임이 있을 수 있다는 것을 어떻게 밝혀낼까?

지구의 길고 긴 역사에서 기온이 평균 섭씨 0.6~0.7도 상승할 때까지 어떤 변화를 거쳐 왔는가를 살펴보면, 산업 혁명 이후 온실 기체가 축적되어 일어났다고 추정되는 기온의 가속화된 상승 현상과는 사뭇 다른 모습이 나타난다. 우선 19세기 내내 거의 일직선을 그리던 지구의 기온은 1920년부터 1940년까지 약 0.4도 상승하고, 다시 거의 일직선으로 나아가다가 1970년부터 2000년 사이에 다시 약 0.4도 상승한다. 이런 불규칙한 변화는 온실 효과가 기온 상승의 유일한 원인이 아니라는 사실을 보여 준다. 그렇다면 어떤 자연적인 원인이 기후를 변화시킬 수 있었을까?

먼저 기후가 변하는 데 반드시 외적 요인이 필요한 것은 아니다. 대기뿐만 아니라 바다도 끊임없이 움직이며 이것만으로도 기후는 충분히 달라질 수 있다. 태평양 적도 부근에서 발생하는 엘니뇨 현상이 그러한 이변의 한 예이다. 하지만 이는 지역적인 온난화 현상 또는 냉각 현상이며 지구의 평균 기온에 미치는 영향은 극히 작다. 바다 위의 대기가 그 자체의 요인으로 인해 한 세기 동안 섭씨 0.7도나 변하는 경우는 거의 없다.

태양 활동의 변화가 기후 변동의 또 다른 원인이 될 수 있다. 태양이란 거대한 천체는 스스로 발산하는 에너지량을 끊임없이 조절한다. 지구가 흡수하는 태양 에너지 양은 계속 달라지는데, 11년마다 1평방미터당 0.18와트 정도 차이가 난다. 이 주기는 80년마다 1평방미터당 약 0.4와트 차이가 나는 좀 더 긴 변화 주기와 겹친다. 이런 변화로 인해 지난 세기 동안 지구가 받은 태양 에너지가 약간 증가했다. 그러나 이 수치는 인간 활동으로 생긴 온실 효과 증가에 따른 평방미터당 2.55와 트와 비교하면 너무 적기 때문에 태양이 지구 온난화에 중요한 역할을 담당했다는 것은 지나친 주장이다.

화산 폭발은 어떨까? 최근 엘치콘과 피나투보의 화산 같은 열대 화산이 초대형 폭발을 일으키면서, 다량의 에어로졸을 성 층권으로 내보냈다. 이것은 지구 전체의 기온을 다소 낮췄다. 기후에 미친 이런 영향은 기상학적 자료를 통해 확연히 드러난 다. 그러나 이런 냉각 현상은 2~3년밖에 지속되지 않는다. 대 기 하층으로 떨어진 먼지는 빗물에 씻겨 사라지기 때문이다. 요컨대, 화산 활동은 단기 냉각 현상만 일으킬 뿐, 현재 느린 속도로 진행되고 있는 지구 온난화와는 아무 관련이 없다. 단 지 그 두 현상이 동시에 일어난 것뿐이다.

지난 150년간의 기후 변화 관찰 기록에서는 두 가지 현상이 두드러지게 나타나는데, 이를 통해 인간 활동이 온실 효과의 주요한 원인임을 알 수 있다.

첫 번째는 밤시간 온난화가 낮시간 온난화의 두 배라는 점 이다. 낮에 일어나는 온난화에는 태양 에너지가 가장 크게 작 용하지만 밤에 일어나는 온난화의 원인은 온실 효과뿐이다.

두 번째는 대기 하층의 온도가 상승하면서 성층권의 온도가 내려갔다는 점이다. 온실 효과란 열이 대기 하층 밖으로 빠져

나가지 못하게 막는 메커니즘이다. 온실 효과가 커짐에 따라 대기 하층 온도는 높아지고 대기 상층은 열을 받지 못해 온도가 내려가는 것이다.

온난화의 주된 원인이 온실 효과라고 해도 온난화는 분명히 복잡한 현상이다. 지난 한 세기 반 동안 실제로 일어난 변화의 수치를 살펴보려면, 다시 말해 온실 효과 이외에 태양 복사 에너지나, 온난화를 방해할 수 있는 에어로졸 방출 같은 다양한 메커니즘들의 역할을 정확히 알아보려면 강력하지만 조심스럽게 다뤄야 할 유일한 도구가 있다. 바로 기후 모델이다.

3

앞으로 기후는 어떻게 될까?

기후 모델이란 무엇이며 어떤 용도로 쓰일까?

기후 모델은 매우 복잡한 계산으로 이뤄지는 까다로운 수학적 도구로서 대기, 해양, 빙하 등을 비롯하여 기후 체계의 요소들 전체의 변화를 컴퓨터로 재현한다. 해류, 바람, 기온, 바다의 염도, 증발, 구름의 형성, 비, 눈, 식물의 번식 상태, 강의 유량 등을 실제처럼 나타내고 대륙과 해양의 지리적 분포, 토지의 기복, 온실 기체, 태양빛의 낮 주기와 계절 주기 등이 계산에 들어간다.

어떤 기후 모델들은 모든 물리적 조절 메커니즘(이산화탄소를 예로 들면, 대기와 식물 간의 호흡과 광합성에 따른 교환, 대기와 해양 간의 용해와 방출에 따른 교환, 그리고 바다 내부에서는 식물 플랑크톤과의 교환 및 탄소의 해저 축적 등이 있다.)을 참작하여 배출량을 입력하면 에어로졸과 이산화탄소 같은 온실 기체의 변화까지 재현한다. 이 모델들은 온실 기체의 초기 상태와 방출 시나리오를 기초로 기후의 변화를, 즉 대기, 해양, 빙하, 식물 등의 변화를 아주 세밀하게 100년 단위로 충분히 긴 시간에 걸쳐 재현할 수 있다. 물론 이 모델의 수식은 너무나 길고 복잡하기 때문에 이를 계산하려면 고성능 컴퓨터가 필요하다.

1850년부터 현재까지 일어난 기후 변화를 재현하는 데 이 모델을 이용할 수도 있다. 이 기간 내에 있었던 온실 기체 배출량과 태양빛의 강도는 잘 알려져 있기 때문에 이 데이터들을 기후 모델에 입력해서 과거의 기후 변화가 충분히 잘 재현되는지 확인해 볼 수 있다. 더 복잡한 실험도 가능하다. 특정 성분의 배출량을 없애 버리거나 태양빛의 강도를 고정하고 시뮬레이션을 해 볼 수 있다. 이렇게 다양한 시뮬레이션을 통해 그동안 관찰된 기후 변화에서 각 메커니즘이 어떤 영향을 미쳤는지 정확히 수적으로 파악할 수 있다.

그러므로 기후 모델은 설명과 분석을 위한 막강한 도구인 동시에 예측 도구이다. 과거의 기후를 재현하는 것처럼 미래에 있을 수 있는 다양한 온실 기체 배출량 시나리오를 기초로 미래의 기후를 재현할 수도 있기 때문이다. 기후 모델을 근거로

하여 정책 결정자들은 합리적인 규제를 만들고 사회가 앞으로 일어날 수 있는 기후 변화에 대비하도록 촉구할 수 있다.

그러나 기후 모델은 쉽게 다룰 수 없는 도구이다. 어떤 면에서 보면 기후 모델은 수학과 물리학과 전산학이 결합하여 탄생한 거대한 괴물이다. 지구의 움직임을 재현한다는 것은 복잡하고 다양한 상호 작용은 물론이고 물방울만 한 크기부터 지구 전체 규모에 이르는 온갖 메커니즘들을 무수히 재현하는 것이다. 이렇게 복잡하기 때문에 모델의 수식을 손보기란 여간 까다롭지 않다.

물론 기후 모델은 1960년대에 처음 선보인 이래 대단한 발전을 이룩했다. 오늘날 초고성능 컴퓨터로 재현해 보는 기후는 중위도 지역의 폭풍우, 열대 지방의 태풍, 폭우나 가뭄, 겨울 한파, 여름의 무더위 등 놀라울 정도로 세밀한 사항까지 알려 준다. 이런 높은 예측성 때문에 기후 모델들이 지난 150년간 기후가 어떻게 그리고 왜 변화했으며 미래에는 어떤 식으로 변할 것인지에 대한 이해를 돕는 소중한 분석 도구가 된 것이다.

그러나 다음 세기에 기후가 어떻게 변할 것인가 예언하는 것은 여전히 불확실한 작업이다. 현재 기후의 시뮬레이션이 현실에 들어맞는다고 해도 모델이 워낙 복잡한 탓에 지금까지 관찰하지 못한 조건들을 제대로 다룰 수 있는지 여부는 여전히

기후 모델을 통한 기후 예측이 확실한 것만은 아니다

알 수 없기 때문이다. 더욱이 기후 예측에 딸린 조건은 일기 예보보다 훨씬 더 어렵다. 일기 예보는 그날의 날씨를 전날의 예보와 비교해서 곧바로 맞았는지 틀렸는지 확인할 수 있다. 하지만 몇십 년 단위로 기후 변화를 예측하는 것은 완전히 다른 일이다. 당장 할 수 있는 유일한 방법은 잠자코 기다려 보는 것뿐이다! 기후 모델의 예측에 거는 믿음은 과거의 기후 변화를 재현하는 그 능력에 바탕을 둘 뿐이다.

미래의 기후는 어떻게 될까?

세계 곳곳에서 연구팀들이 기후 모델을 무기로 다음 세기의 기후가 어떻게 변화할지 예측해 보려 애쓰고 있다. 유엔 산하에 있는 '기후 변화에 관한 정부 간 패널'*이라는 국제 기구가 이 같은 노력을 종합하여 2년마다 상황 보고서를 발표한다. 모

• • •

기후 변화에 관한 정부 간 패널(IPCC) 1988년 유엔 환경 계획((UNEP)과 국제 기상 기구(WMO)의 후원을 받아 기후 변화의 위험을 과학적으로 검토하기 위하여 설치되었다.

든 기후 모델이 다 지구가 점점 더워지리라고 예언하고 있지만 모델링의 오차 때문에 그 규모는 모델마다 다르다. 그러나 궁극적으로 그 결과는 온실 기체 배출에 크게 좌우될 것이다.

온실 기체 배출 시나리오는 **교토 의정서** 같은 국제 협약과 그 국제 협약들이 적용되는 방식에 따라 결정된다. 이 배출 시나리오들을 정확하게 규정하기란 쉽지 않은데, 현재 두 가지 시나리오로 구분할 수 있다.

하나는 회의적인 시나리오로 온실 기체 방출량이 최소한만 감소하는 경우이다. 다른 하나는 낙관적인 시나리오로 온실 효과를 더 효율적으로 줄이는 경우이다. 각각의 예측에 따르면 2100년에 예상되는 온난화 정도는, 전자의 경우 모델에 따라 섭씨 1.7~5.5도가 상승할 것으로 예측한다. 후자의 경우는 온난

● ● ●

교토 의정서 1997년 12월 유엔 기후 변화 협약(United Nations Framework Convention on Climate Change) 회의에서 각국의 온실 기체 삭감 목표를 구체적으로 제시한 국제 협약이다. 2008~2012년 사이에 온실 기체 배출량을 1990년 기준으로 5퍼센트 이상 줄이자는 게 주 내용이며, 선진 38개국이 삭감 목표를 할당받았다. 이를 보면 미국은 7퍼센트, 유럽 연합(EU) 회원국은 8퍼센트, 일본과 캐나다는 각각 6퍼센트를 줄여야 한다. 우리나라는 2002년 11월 8일 교토 의정서를 비준하였다. 아직 교토 의정서에 따르는 법적 의무는 부담하고 있지 않으나 OECD 회원국으로서 멕시코와 더불어 온실 기체 감축 압력을 받고 있다.

화가 약간 수그러들어 섭씨 1~4도가 내려갈 것으로 전망한다.

그런데 온난화가 지구 곳곳에서 똑같이 일어나는 것은 아니다. 양극 지역은 열대 지역보다 기온이 더 높이 상승한다. 눈과 얼음이 녹으면서 드러난 땅이 열을 흡수하기 때문이다. 마찬가지로 대륙 지역이 해안 지역보다 더 빨리 기온이 상승한다. 앞에서도 보았듯이 바다는 온도 상승에 둔감하기 때문이다. 그래서 21세기 말에는 유라시아와 북아메리카 대륙의 기온이 섭씨 6~8도 상승할 것으로 예측된다. 실로 엄청난 기후 변화가 일어나는 것이다!

반면 대서양 북쪽은 세계에서 가장 기온이 적게 상승할 지역이다. 전반적으로 기온이 상승한 기후에서 북극의 빙하가 녹아 차가운 물이 유입되어도 대서양 북쪽에 열을 가하는 멕시코 만류* 때문에 냉기가 수그러지기 때문이다.

기후 변화가 야기할 수 있는 큰 변화 중 하나는 강수량 변화에 따른 수자원 변동이다. 공기의 온도가 높아질수록 열대 지

• • • •

멕시코 만류(Gulf Stream) 멕시코만에서 생긴 해류로, 다른 해류와는 달리 대서양의 동쪽에서 남쪽으로 흐르지 않고 계속 북쪽으로 매우 빠른 속도로 흐르는 해류로 고온·고염분이다. 근처의 북유럽과 북극은 이 해류 덕분에 춥지 않다.

역의 바닷물도 많이 증발한다. 예컨대 기온이 섭씨 25도에서 30도로 상승하면 수증기는 30퍼센트까지 증가한다. 따라서 기후가 더욱 온난해지면 비도 그만큼 더 내린다.

북아메리카와 북유럽에서는 대서양의 불안정한 기류가 지나갈 때, 비가 내리므로 가을에서 봄 사이에 강우량이 뚜렷이 증가할 것이다. 반대로 지중해 연안 일대는 여름에 지금보다 더 심한 가뭄에 시달리며 물 부족 현상이 일어날 것이다.

게다가 온도가 높아진 대기는 더 많은 에너지를 포함하고 있다. 이 에너지는 쎈구름인 적운과 강한 바람으로 나타난다. 열대 지방의 적운 중에는 높이가 18킬로미터에 이르는 것도 있다. 또 기후가 더워지면 중위도 지역의 폭풍우와 열대 지역의 태풍이 더 빈번히 발생하고 더욱 강렬해진다.

마지막으로 기후가 더워지면 강설량이 적어지고 빙하가 녹아 바닷물이 팽창하며 해수위가 높아진다. 21세기 말이면 해수위가 평균 50센티미터 정도 상승할 것으로 예상된다. 온난화의 영향으로 빙하기* 말 때처럼 양극 지역 빙산의 일부가 무너지는 더욱 극적인 사건이 벌어진다면 이 예상 수치는 앞으로 더 높아질 것이다. 남극 서쪽 지역은 온도에 민감한 지역으로 이 지역이 녹는다면 해수위가 약 6미터 정도는 상승할 것이다.

이상 기후로 인해 거대한 태풍이 몰아치는 지역이 있는가 하면
심한 가뭄에 시달리는 지역도 있다.

그 밖에 기후 변화의 징조로 어떤 것들이 있을까?

150년 전부터 계속된 현상의 최후를 장식이라도 하듯 1991년부터 2000년까지의 10년은 20세기에서 가장 더운 시기였다. 과거 기후 변화 시뮬레이션 결과를 보아도 지난 천 년 동안 가장 더운 시기였다. 게다가 세계 곳곳에서 격심한 기상 이변 현상들이 연속해서 일어나고 있다. **기상 이변** 현상이란 과거의 기상 상태와 크게 차이가 나는 기상 현상으로 월 평균 기온이나 월 강수량이 30년에 1번의 확률로 일어날 만큼 격심한 변화를 말한다. 미국 서해안에서는 평년 강수량의 2배에 이르는 기록적인 폭우가 내렸고, 적도에 가까운 열대 지방인 하와이에 눈이 오는가 하면, 필리핀과 인도네시아를 덮친 오랜 가뭄이 농작물에 궤멸적인 타격을 입히기도 했다. 이런 자연 재해들이야말로 현재 기후 변화가 진행 중임을 알리는 또 다른 징조들일까?

● ● ●

빙하기 세계의 기후가 한랭하게 되어 고위도 지방이나 높은 산악 지대에 빙하가 발달하였던 시기. 신생대에 빙하기는 4번 있었으며 각 빙하기와 빙하기 사이에 따뜻했던 시기인 간빙기가 있었다. 지금으로부터 1만 8천 년 전에 마지막 빙하기가 최고에 이르렀으며 1만 2천 년 전에 갑작스런 기후 변동으로 인해 빙하가 녹기 시작했다. 그에 따라 해수면이 높아졌으며, 매머드처럼 몸집이 큰 동물들이 기후에 적응하지 못하고 멸종하였다.

기후가 더워지면 대형 폭풍우나 집중호우 같은 뜻밖의 대형 기상 현상들이 더욱더 잦아질 것이 분명하다. 이는 기후 모델들로 쉽게 검증할 수 있다. 앞에서도 말했듯이 더 더워진 기후에서는 대기 중에 에너지가 쌓이기 때문이다.

그러나 오늘날 더욱 맹렬해진 폭풍우나 홍수만으로 기후 변화가 진행 중이라는 것을 증명하기에는 부족하다. 기후 변화는 예외적인 사건으로 증명되는 것이 아니기 때문이다. 그보다는 극한 현상들에 대한 통계를 내고 그런 현상들이 수십 년에 걸쳐 상황을 점점 나쁘게 만들어 왔는지를 지켜봐야 한다.

홍수와 그로 인한 피해의 원인이 반드시 기상 상태 또는 (이 경우) 강우량에만 있지 않다는 사실도 기억해야 한다. 홍수의 피해 규모는 비의 강도에 대부분 달려 있지만 인간이 농사 등을 목적으로 지표면의 상태를 바꿔 놓으면서 물의 자연스러운 흐름을 방해하는 경우에도 영향을 받는다. 부주의하고 무책임한 도시 개발과 운송 수단 확보를 위한 무분별한 도로 개통 때문에 홍수 피해가 더 커질 수도 있는 것이다.

어쨌든 최근 몇 년간 예전과 달리 악화된 기상 현상들을 자주 목격하면서 지금이 온난화 기후의 초기는 아닐까 하는 예측이 점점 맞아 떨어져 가는 것처럼 보인다.

지금은 정말로 위태로운 상황일까?

지구는 지금 온난화 현상의 초기 단계에 이르렀고 이 현상
은 다음 세기를 비롯해 더 먼 미래까지 점점 확대될 것이라는
데는 의심의 여지가 없다.

온난화의 주요 원인은 화석 연료를 태우면서 생긴 이산화탄
소 때문이다. 정확한 수치는 알 수 없지만 전 세계 화석 연료
매장량은 현재 사용 수준으로 봐서는 아직 50~200년은 더 쓸
수 있을 것으로 예상된다. 특별한 조치를 취하지 않는 한 21세
기 말까지 지구의 평균 기온이 섭씨 2~3도 상승하는 결과는
막을 수 없을 것이다. 그 규모와 속도에서 역사상 유례없이 엄
청난 변화가 나타나는 것이다.

북아메리카 북쪽과 북유럽 전체를 뒤덮었던 빙하의 두께가
몇 킬로미터에 달했던 신생대 빙하기에서 현재까지 지구 기온
은 평균 약 5도 상승했다. 대략 5000년마다 1도씩 상승한 꼴이
다. 온실 효과로 인한 온난화는 나무와 숲을 비롯한 식물군에
빙하기 말의 자연적인 온난화보다 훨씬 큰 타격을 줄 것이다.

기후가 나무들의 세대 교체 기간보다 느리게 변화하면, 숲은
아무 문제 없이 변화에 적응할 수 있다. 더 적합한 기후를 찾아
천천히 이동하기도 한다. 하지만 온난화가 20~30년에 걸쳐 급

하게 일어날 경우에는 숲도 적응할 수 없다.

현재보다 기온이 몇 도만 상승해도 지구에는 인류 역사상 전례 없는 상황이 벌어질 것이다. 폭풍우, 태풍, 무더위, 가뭄, 해수면 상승으로 인한 해안 지역의 침수 등 극심한 자연 재해들이 지구 곳곳에서 연달아 발생할 것이다. 앞에서 말한 대로 해수면은 21세기 말까지 50센티미터 정도 상승할 것으로 예상된다. 심각한 위기인 것이다.

아직 늦지 않았을까? 어떤 조치를 취할 수 있을까?

현재 대기 중에 있는 인공 온실 기체는 대부분 산업 선진 국가들에서 나온 것이다. 이 국가들은 여전히 배출 순위 선두를 달리고 있다.

지구 전체 인구의 24분의 1이 사는 미국이 세계 이산화탄소 방출량의 20퍼센트(연 50억 톤 이상, 즉 매년 국민 1인당 20톤)를 차지한다. 가장 인구가 많은 중국의 경우 30억 톤(국민 1인당 2.5톤)으로 미국보다 훨씬 뒤처져 있다. 그러나 중국은 급격한 산업화에 따라 아주 빠른 속도로 방출량이 늘어 가고 있다.

유럽 국가들은 대부분 이 두 나라 사이에 위치한다. 독일은 국민 1인당 11톤, 영국은 10톤, 프랑스는 6톤이 조금 넘는다. 물론 가까운 미래에 개발도상국들이 이산화탄소 방출량 증가의 원인이 될 것이다. 그 가운데에서도 중국과 인도처럼 급격하게 인구가 증가하고 산업이 발전해 가는 나라라면 더욱더 그럴 것이다.

방출량 제한을 논의하기 위해 국제 회의가 정기적으로 개최될 만큼 기후 변화 문제의 심각성이 널리 인식되고 있으며 몇 해 전에는 교토와 헤이그˚에서 정기 회의가 열렸다.

그러나 문제는 복잡하다.

첫째, 앞에서 본 것처럼 경제 개발 수준에 따라서 나라마다 배출량이 크게 차이가 난다. 한창 산업이 발전 중인 국가들은 자신들도 산업 선진 국가들처럼 경제를 발전시킬 권리가 있다고 주장한다. 따라서 선진 국가들에게는 불리하겠지만 방출량

●　●　●

헤이그 선언 2000년 11월 네델란드 헤이그에서 24개국 수뇌가 참가한 환경특별 회의가 열렸고 '헤이그 선언'이 채택되었다. 지구 온난화 방지를 위해 각국의 주권을 제한하는 권위를 갖는 국제 기구를 설치하고 각국이 공동 보조로 실천해 가는 '지구 온난화 방지 조약'의 체결을 제안하는 내용이었다. 그후 유엔 환경 계획의 관리이사회가 개최되어 참가한 70개국 만장일치로 지구 온난화 방지 조약을 체결할 때 각국이 모두 참여한다는 결의를 채택하였다.

쿼터제는 과거의 방출량을 참작해서 실시해야 할 것이다.

둘째, 전 세계 국가들의 공해 배출 정도도 다를 뿐 아니라 기후로 받는 영향 또한 차이가 크다. 가장 고통 받을 나라들은 더 극심한 가뭄이 올 가능성이 있는 아열대 지방 국가들과, 해수면과 국토의 높이가 일치하거나 비슷한 국가들인 태평양과 인도양의 산호섬 국가들, 그리고 방글라데시 등이다. 즉 남반구 국가들이 위험에 더 많이 노출되어 있다. 기후 변화를 놓고 전 세계가 '용인할 수 있는 한계'를 규정하려는 것은 헛된 일이다. 더욱이 이런저런 이유로 현실에서 이를 해결하기가 쉽지 않다는 것을 이용하여 단기적인 경제 이익을 취하려고 비개입 정책을 내세우는 것은 세계를 위험으로 내몰 수도 있다.

마지막으로 막강한 세계 석유업계의 로비라는 또 다른 난관을 그냥 넘길 수 없다. 이들 석유업계가 몇몇 대국에게 미치는 영향력은 무시할 수 없기 때문이다. 미국이 교토 의정서의 비준에 반대하는 것은 그 한 가지 예일 뿐이다.

교토 의정서는 수차례에 걸친 타협의 결과로 부족함은 많지만 올바른 방향으로 가기 위해 내디딘 첫발에 해당한다. 이산화탄소 배출량에서 각각 세계 2위와 6위를 차지하는 신흥 경제 강국 중국과 인도가 배출 감축 의무를 면제받은 것은 어쩌면 합리적일 수 있다.

그러나 거기에는 다른 감축 방안들에서 시간을 벌려고 하는 선진국의 의도가 숨어 있기도 하다. 예를 들어, 국가별 온실 기체 방출 한도를 정할 때 화석 연료 소비량에서 재산림화에 따라 줄어드는 만큼의 이산화탄소 방출량은 제외해 버렸다. 이는 자국은 물론 제3세계 국가 등에서 산림 지대를 개발하는 선진 국가들에게 유리하게 작용하기 때문이다.

시간을 지연하고자 하는 선진국의 또 다른 대책은 배출 감축을 실행하는 데 시장 체제를 적용하는 것이다. **이산화탄소 배출권**을 마치 상품처럼 사들일 수 있게 한 것이 한 예이다. 이는 장점도 있지만 근본적으로 부유한 나라들이 가난한 나라들을 공해로 오염시킬 권리를 사는 것과 마찬가지이다. 요즘은 세계화된 자본주의 시장의 신, 곧 자본에 도움을 구하는 것이 유행이다. 돈이 윤리를 대신하는 해결책이 가장 효율적인 방법으로 대두하고 있다. 시장의 법칙은 공해 물질의 배출을 최소한의 비용으로 용인받는다. 이 같은 전략은 부자 나라의 이기주의를 부추겨 전혀 거리낌 없이 공해의 대가를 지불하게 만들지도 모른다.

온실 기체 배출을 충분히 규제해서 앞으로 100년 후 대규모 온난화를 피할 수 있을까?

그럴 가능성은 희박하다. 장기적인 선의와 단기적인 경제

이익이 확연히 충돌하고 정치인들이 정책을 결정하는 단위 주기는 훨씬 더 짧아졌다. 에너지 사용을 최소로 줄이거나 여행과 운송을 최소한으로 제한하는 방안도 실현 가능성이 전혀 없다. 세계화로 인해 지구 끝에서 끝으로 사람과 화물을 운송하는 일이 비일비재해진 오늘날, 운송은 이미 온실 효과 증가의 첫 번째 원인이 된다.

인류는 21세기 말에 닥칠 심각한 기후 온난화와 그로 인해 빚어질 무수한 결과를 피해 갈 수 없을 것이다. 현재 우리는 방출된 온실 기체들을 모아서 저장할 수 있는 기술적 해결책도 없고, 화석 연료를 쓰지 않는 대체 에너지도 없다. 변화는 이미 시작되었다. 이 변화를 제어하려면 오랜 시간을 들여야 할 것이다. 하지만 인간이 다시 한 번 지혜를 발휘해 이 난관을 뛰어넘을 수 있으리라고 믿는다.

더 읽어 볼 책들

- 이기영, 『지구가 정말 이상하다』(살림, 2005).

- 로베르 사두르니, 김은연 옮김 『기후』(영림카디널, 2003).

- 리처드 스톤, 김소정 옮김, 『매머드, 빙하기 거인의 부활』(지호, 2005).

- 모집 라티프, 이혜경 옮김, 『기후의 역습』(현암사, 2004).

- 브라이언 페이건, 윤성옥 옮김, 『기후는 역사를 어떻게 만들었는가』(중심, 2002).

- 비외른 롬보르, 홍욱희 · 김승욱 옮김, 『회의적 환경주의자』(에코리브르, 2003).

- 실베스트르 위에, 이창희 옮김, 『기후의 반란』(궁리, 2002).

- 윌리엄 K. 스티븐스, 오재호 옮김, 『인간은 기후를 지배할 수 있을까』(지성사, 2005).

- 토머스 그레델 · 폴 크루첸, 김경렬 · 이강웅 옮김, 『기후 변동 : 21세기 지구의 미래를 예측

  한다』(사이언스북스, 1999).

논술·구술 시험은 논리적이고 종합적인 사고를 요구한다. 다음에 제시된 문제는 이 책의 주제와 연관이 있는 논술·구술 기출 문제이다. 이 책을 통하여 습득한 과학적 지식과 원리, 입체적이고 논리적인 접근 방식을 활용하여 스스로 문제에 답해 보자.

▶ 지구 온난화 현상에 대하여 아는 대로 설명하시오.

▶ 지구 온난화 현상과 오존층 파괴의 관계를 말하시오.

▶ 많은 국가들이 지구 환경 보존을 위해서는 이산화탄소의 배출을 줄여야 한다는 데 의견 일치를 보이고 있다. 이산화탄소 증가에 의한 가장 큰 피해는 무엇인지 말해 보시오.

▶ 적도의 해수면 온도가 올라갔을 때 나타나는 현상에 대해 설명해 보시오.

▶ 환경 파괴가 불가피한 상황에서 자기가 과학자라면 어떻게 하겠는가?

옮긴이 | 이수지

숙명여대 불문과 재학 중 프랑스로 유학, 파리 5대학에서 언어학 박사 과정을 수료했다. 현재 전문 번역가로 활동 중이다.

민음 바칼로레아 02

기후가 미친 걸까?

2판 1쇄 펴냄 2021년 3월 30일
2판 5쇄 펴냄 2024년 8월 8일

1판 1쇄 펴냄 2006년 1월 5일
1판 6쇄 펴냄 2013년 9월 19일

지은이 | 로베르 사두르니
감수자 | 장순근
옮긴이 | 이수지
발행인 | 박근섭
펴낸곳 | ㈜민음인

출판등록 | 2009. 10. 8 (제2009-000273호)
주소 | 06027 서울 강남구 도산대로 1길 62 강남출판문화센터 5층
전화 | 영업부 515-2000 **편집부** 3446-8774 **팩시밀리** 515-2007
홈페이지 | minumin.minumsa.com

도서 파본 등의 이유로 반송이 필요할 경우에는 구매처에서 교환하시고
출판사 교환이 필요할 경우에는 아래 주소로 반송 사유를 적어 도서와 함께 보내주세요.
06027 서울 강남구 도산대로 1길 62 강남출판문화센터 6층 민음인 마케팅부

한국어판 © (주)민음인, 2006. Printed in Seoul, Korea
ISBN 979 11-5888-764-3 04000
ISBN 979 11-5888-823-7 04000(set)

㈜민음인은 민음사 출판 그룹의 자회사입니다.